बेज़ुबान

सोनू शर्मा

NOTION PRESS

India. Singapore. Malaysia.

ISBN xxx-x-xxxxx-xx-x

स्वीकृति

मैं उन सभी लोगों को तहे दिल से शुक्रिया अदा करना चाहता हूँ जिन लोगों ने मुझे ये किताब लिखने के लिये प्रेरणा दी खास कर अपने माता पिता और भाइयों को जिन्होंने मुझे हमेशा लिखने के लिया प्रोत्साहित करते रहे।

उन दोस्तों का भी शुक्रिया अदा करना चाहूंगा जो मुझे सुनते और सुधारते रहे।

उस ख़ास व्यक्ति को भी धन्यवाद देना चाहूंगा जिस ने मुझे मोहब्बत करना सिखाया।

कुछ बाते अनकही

लब्ज़ों को अपने हम भी खोलना चाहते है..!

उन की आँखों से हम भी कुछ बोलना चाहते है

प्यार का दर्द दे कर वो मुस्कराते है

इस मुस्कहराहट को हम भी टटोलना चाहते है

कोमल से तेरे हाथों को हम छुकर,

इसे जिंदिगी भर अपने हाथों में पिरोना चाहते है

तु मेरी जिंदिगी है ये तुझे बाँहों में भर कर बोलना चाहते है

पैरों को तेरे हम भी छुकर इनमे अपने नाम का पायल देना चाहते है

ख्यालों का अक्सर जलसा लग जाता है

तेरे यादों का सिलसिला चलता जाता है

इस यादों में हम तेरे ज़िन्दिंगी भर हो के रहना चाहते है

उन की आँखों से हम भी कुछ कहना चाहते है...

लब्ज़ों को अपने हम भी खोलना चाहते है...

मुलाकात

मुलाकातों का सिलसिला चलता था,

उनके दीदार को दिल मचलता था,

कापते हुए इन होठों पे बस तेरा ही नाम रहता था,

ख्वाइशों में पले इस सपनो को मैंने प्यार का नाम दे दिया,

वो आये मेरे दिल में मुझे ज़माने से बेघर कर दिया,

कड़कड़ाते उन सर्द रातों में इंतज़ार उन्ही का रहता था,

प्यार भरे इस दिल में सैलाब बस उन्ही का रहता था..

आँखों की वो गहराई जिस में ढूंढ लिया हमे ने ज़माने को,

उस आँखों में बस नाम हमारा रहता था,

देखी जो उन के होठों की लाली, और उस लाली में भी नाम हमारा रहता था,

देखके वो हमको यू पलके झुका लेते,

झुकती पलकों में भी ख्वाब हमारा रहता था,

सर्दी की उस ओस में, उन का सर हमारे गोद मे,

उस गोद मे भी चाँद हमारा रहता था...

मुलाकातों का सिलसिला चलता था...

उनके दीदार को दिल मचलता था...

प्यार का मौसम

वो मौसम भी क्या मौसम थे जब तुम मेरे साथ थी,
फुलों की खुशबू से भी तुम्हारी खुशबू आती ये वो मुलाकात थी,
जहाभर के इस अंधेरे में तेरा चेहरा ही तो मेरा उजाला था,
पलकों की उस छाँव में सदियों को संभाला था...

मुस्कराहट पे तेरे फूल भी मुस्कराते थे,
अंगड़िया जब लेती थी तो भवरे भी इतराते थे,
मुश्किल होता जीना मेरा जब हवा भी तुझे छू जाती थी,
तु युं मुस्करा कर दिल में उतर जाते थी...

क्या बताऊँ की वो रात कैसी होती थी,
तेरी आँखों से हो कर तेरी दिलसे बात होती थी,
शिकायत के बहाने पर मुलाकात तो होती थी,
प्यार का वो जज़्बा परवानो की तरह चलता था,
ख्वाबों में ही से पर तेरे प्यार में पिघलता था,

लौट के आजा कीअब दिल तेरे बिना लगता नही,

तुझे प्यार करते करते मेरा दिल थकता नही,

की तुझे प्यार करते करते मेरा दिल थकता नहीं

वो ख़ूबसूरत शाम

इस ख़ूबसूरत शाम का मैं ज़िक्र ना करू तो वो गुनाह होगा,

मेरी जिंदिगी में तेरे नाम का ज़िक्र नाहो तो वो गुनाह होगा,

दिलके सवालों के सैलाब में तेरे नाम का जवाब नहो तो ये गुनाह होगा...

आँखों में दिखे वो चाहत और उस चाहत में तु नाहो तो ये गुनाह होगा...

भावनाओ के बहनेका एक ही रास्ता है,

और वो रास्ता तुझ से होकर ना गुज़ारे तो ये गुनाह होगा...

हज़ारों की भीड़ में ये दिल अकेला है,

हर तरफ छाया घना अँधेरा है,

और उस घने अंधेरे में तेरे चाहत का उजाला नाहो तो ये गुनाह होगा...

मंज़िल तो मिल ही जायेगे पर उसे पाने तक तेरा साथ ना हो तो वोभी गुनाह होगा...

मेरी जिंदिगी में तेरे नाम का ज़िक्र नहो तो वो भी एक गुनाह होगा...

खोया सा बचपन

ऐ मरे गुज़ारे हुए कुल मुझे तेरी बड़ी याद आती है,

इस धुंदले आस्मां में बचपन की वो यादें आती है,

किसी की आँखों में खोके उसकी गहरई याद आती है...

हाथों में लिखे वो दो शब्द याद आते है,

तेरे मुस्कराहट में वो सदियों की खुशियां याद आती है,

चिठ्ठी में लिखे वो शब्दों की गहराई याद आती है,

बचपन में लिखे उन किताबों में सारी दुनिया नज़र आती है,

कैसे कहूं तुझे ऐ मेरे गुज़ारे हुए कुल मुझे तेरी कितनी याद आती है...

की, मुझे तेरी कितनी याद आती है...

ख़ामोशी

तेरी ख़ामोशी में मुझे आज भी वो शब्द सुनाई देते है,

खुले आसमान में वो लब्ज़ दिखाई देते है,

वो तेरी आँखों की पलकों का झुकना,

उस शर्माहट में मुझे ग़ज़ल सुनाइ देते है...

दातोंतले होठों को दबाना,

कपते होठों से मेरे नाम को बुलाना,

काली रातों में काली आँखों का मिलना,

उस मिलन में भी तेरी कसक सुनाई देते है,

तेरे ख़ामोशी में मुझे आज भी वो शब्द सुनाई देते है...

वो सब से छूप कर तेरा मुझ से मिलने आना,

बिना आहट के मेरे गले लग जाना,

साया तेरा जो मुझे छू लेता था,

क्या बताऊ की मेरा रूह मोह लेता था,

मेरे किताबों में जो गीत है,

उन की तु ही तो प्रीत है,

लिखता हूँ तो शब्दोंका अकार बदल जाता है,

की तेरी ख़ामोशी में मुझे आज भी वो शब्द नज़र आता है...

देखता हूँ आज भी तुझे सपनो में,

नये पुराने और कुछ अपनों में,

मेरी मोहब्बत और मेरी जान है तु,

किसे कहुँ की मेरी पहचान है तु,

इस भाव में भी मुझे अपनापन दिखाई देता है,

की तेरी ख़ामोशी में भी मुझे वो शब्द सुनाई देता है....

एक नया सवेरा

सुराज की रौशनी का वो सवेरा है
तेरे जुल्फों में ही मेरा बसेरा है,
शिकायत मुझे सुराज की उन किरणों से है
जिन की वजह से मेरा चाँद नही निकल पाता है,
महीनो बीत जाते है लकिन उनका दीदार नही हो पाता है ।

ख्यालों का वो सिलसिला चलता है,
उन के प्यार में दिल आज भी मचलता है,
दादी की वो कहानिया याद आती है,
उन की कहानियों की तू हे पारी नज़र आती है,
लम्हे वो मेरे ख़ज़ाने से कम नही,
तेरे होने से ही मेरी जिंदिगी में सवेरा है|

मैंने उस चेहरे को भी देखा है जहाँ जुल्फों का बसेरा है,
होटों को भी देखा है, जो बिना बोले सब बोल देते है,
आंसमा की वो लाली में भी तेरे गलों की वो लाली देखी है,

समा सुहाना हो जाता है जब भी तू कभी सामने आ जाती है,
कलियाँ भी बोल उठती है जब तेरी बाली खनक उठती है,
हम ने सदियों को भी तेरे इंतज़ार में देखा है...

हम ने सूरज का वो सवेरा भी देखा है,
तेरे इन आँखों में ही मेरा बसेरा है...
तेरे इन आँखों में ही मेरा बसेरा है...

इतना नासमझ नही मै

समझ जाता हूँ मै तेरे आँखों को देख कार,
की रात भर सोये है मेरे यादों को लेकर,
मेरी तो दुवाओं में भी है तू,
क्या करू मै तेरी यादों को लेकर,

हर वो अदा तेरी मेरी पहचान है,
आज भी तेरी हर अदाओं पे मेरा नाम है,
कमर जो तेरी लचकती है,
क़यामत भी तुझ से डरती,
तुही बता मैं तुझे क्या नाम दू,
आजा मेरी बाँहोंमें मै तुझे थाम लू,

दिल की गालिया आज भी सुनी है,
मोहब्बत मेरी तेरे बिना अधूरी है,
लिख गया कोई पैगाम मेरे नाम का,
अब तो खात भी नही अत है तेरे नाम का,

जाम -इ -हुस्न जो पीले,
थोड़ा ही सही लकिन इस नशे में जीले,
उन हसीं लम्हो में वो भी खो जायेगा,
दुनिया के सारे गम वो भूल जायेगा,
ख़ुशी - ख़ुशी वो इस दुनिया से रुक्सत हो जायेगा...

नादान दिल

संभलजा मेरे ऐ दिल तू बड़ा नादान है,

तुझे पाने वाला थोड़ा शैतान है,

आँखों पे तेरी मरता है होटों से कुछ कहता नही,

प्यार तो तुझी से करता है पर इज़हार कभी करता नही...

संभलके रह वरना इस शैतानी में तू फस जायेगा,

धीरे-धीरे इस दलदल में धस जायेगा,

निकलना तेरा हो जायेगा मुश्किल,

तेरा जीवन यही ठहर जायेगा,

पलकों में उनकी ना गुज़ारकर इतने शाम,

बहक गया तो खोजायेगा, तेरा नाम,

वो है माहिर रूठ जाने में,

वो रूठ जाये तो जिंदिगी बीत जायेगी उन्हें मानाने में ,

मत जाना उनकी कानों की बाली पर,

मुस्कुराते उनके होटों की लाली पर,

भुल जाओगे अस्तित्व अपना,

जब नाम नही आयेगा तुम्हरा उनकी लाली पर ...

वो किताब

घर के उस कोने में किताब पे पड़ी धुल नज़र आ रही है,

वो लम्हे वो शब्द जिन्हे मै कह नही पाया वो अल्फ़ाज़ नाज़ार आ रहे है,

ख्यालों का वो समंदर जिन्हे मै कभी पार नही कर पाया मुझे वो समंदर नज़रआ रहे है,

सवाल वही है और जवाब भी वही है,

वो सवाल पुछने वाली नज़रआ रही है,

खोया हुवा वो मंज़िल जोकभी मिला नही वो रस्ते नज़ आ रहे हैं,

गरम रेत पे चले वो पैरों के छाले नज़र आर रहे है,

सर्दी की उस रात में, तेरे हलके एहस में,

और उस एहसासों में लिपटे मेरे जज़्बात नज़र आ रहे है,

फिर वो किताब नज़र आ रही है

उससे जुड़े जज़्बात नज़र आ रहे है

माँ की उस लोरी में, उसकी आंचल थोड़ी में,

उस आंचल में मेरा संसार नज़र आ रहा है,

ख्यालों की वो नाव नज़र आ रही है,

उस नाव को पार करने वाले पाँव नज़र आ रहा है,

फिर वो किताब नज़र आ रही हैं,

उससे जुड़े वो जज़्बात नज़र आ रहे है,

गांव के उस स्कुल में, पैरों में लगे उस धुल में,

बचपन की वो मासूम शरारत नज़र आ रही है,

मास्टरजी की डांटमें, दोस्तों की उस बात में,

हर बात में सदियों का सबख नज़र आ रहा है,

फिर वो किताब नज़र आ रही है,

उसपे पड़ी धुल नज़ार आ रहे है..!

कोई तो होता

आज फिर तुम याद आ रहे हो,

सोचता हूँ तुम्हारे बारे में तो तुम और पास आ रहे हो,

वो दिन भी याद आ रहें है,

वो पल भी याद आ रहें है,

क्योंकी, आज फिर तुम याद आरहे हो...

सोचता था की कोई अपना होता,

भीड़भरे इस दुनिया में मुझे थामे होता,

प्यार से सहलाता मुझे और कुछ प्यारी बातें करता,

मौसम भी गुलाबी होते, शाम भी शराबी होते,

ख्याल आया है तो लिखे जारहा हूँ,

क्योंकी, आज फिर तुम याद आरहे हो...

मुलाकाते भी देखी है वो चाहत भी देखी है,

पलकों में छुपे वो मोहब्बत भी देखी है,

आज तेरी जुल्फे भी याद आरही है,

उसमे लगा वो फूल भी याद आरहा है,

क्योंकी, आज फिर तुम याद आरहे हो...!

मेरा चाँद

खोया हुआ वो चाँद मेरा आज फिर निकला बेनकाब है,
आज फिर सदियों के बाद दिल में आया ये तुफान है,
खोये मेरे इन आँखों में वो जो तेरा चेहरा चमकता है,
लहु बन कर मेरे सांसो में बस तेरा ही प्यार बेहता है...!

उठायाजो तुने पलकों को, वो सुहाना सावन फिर बरसने लगा है,
पायल जो तेरी छनकी तो दिल में एक तुफान उमड़ने लगा है,
वो साया तेरा फिर मुझे छुने आया है,
क्योंकी, आज फिर मेरा चाँद बेनकाब निकल आया है...!

खाली तेरे इन आँखों की जो गहरी है,
सदियोंसे सुने पड़े मेरे दिल में यही तो समाई है,
खोया हुआ था जो दर्द, वो फिर बढ़ आया है,
देखो मेरा चाँद आज फिर बेनकाब निकल आया है...!

भुले बिसरे उन यादों की लड़िया फिर झुम आयी है,

कलियाँ जो फुल बनके उमड़ आयी है,

प्यार मेरा आज फिर बढ़ आया है,

क्योंकी, खोया हुवा मेरा चाँद आज फिर बेनकाब निकल आया है,

खोया हुवा मेरा चाँद आज फिर बेनकाब निकल आया है...!

मुझे नयी जिंदिगी मिल गयी

प्यार किया उन से तो, पता नही था की वो इतने ख़ूबसूरत है,

दिल दिया उन को तो, पता नही था की वो इतने नाज़ुक है,

फैला जब उजाला उन के प्यार का, तो सोचा नही था की वो
इतने काबिल है,

ख्याल मेरे अरमान मेरे उनके प्यार में मिला दिया,

उन की हसी के लिया अपनी जिंदिगी गवा दिया,

अरमानो के वो भाव भी मैंने उन के प्यार में मिला दिया,

दिल दिया उन्हें तो,उन्हें अपने ख्वाबों में बसा लिया,

ये आइना भी मुझे उन के प्यार की याद दिलाने लगा है,

हम ने उस आईने को ही जहा से छुपा दिया,

उन के पायलों की आवाज़ में हम ने अपने हर संगीत को मिला
दिया,

उन के आँखों जो देखा तो, हम ने अपनी जिंदिगी को भुला दिया,

खोया रहता हुँ उन के प्यार के एहसास में

उन की जिंदिगी की हर एक प्यास में,

उन की मुस्कराहट को अपनी जिंदिगी का मकसद बना दिया

प्यार में उन के हमने अपनी जिंदिगी को भुला दिया...!

नया चेहरा

चेहरे पे चेहरे लगे हुए है,
हर इंसान पे जाने कितने मुखौटे लगे हुए है,
वो इंसान बदल जाता है हर बार,
ना जाने कितने भरे लोग बैठे हुए है,
चेहरे पे चेहरे लगे हुए है,

मैं हर बार कुछ कहना चहु,
हार बार मुखौटे मुज से कुछ कहने लगे है,
यहाँ चेहरे पे चेहरे लगे हुए है,
जिंदिगी का वो हाल भी बेहाल पड़ा हुआ है,
चेहरे पे चेहरा ऐसा लगा हुआ है,
मुखौटों पे लोग मरने लगे है,
यहाँ चेहरे पे चेहरे लगे हुए है,

हज़ारों की भीड़ में भी वो घुमते है,

यहाँ दोस्तों में भी मुखौटे लगे हुए है,

अब ज़िन्दगी में भी पत्थर लगे हुए है,

यहाँ चेहरे पे चेहरे लगे हुए है...!

बेवफा वक़्त

अब तो वक़्त से भी मेरा झगड़ा हो जाता है,

वो ना नज़र आये तो इसे चलना नही आता है,

वो आँखों के सामने हो तो ये रुकना ही भुल जाता है,

मेरी मोहब्बत का ये भी दुश्मन हो गया है,

उसे याद करू तो इसे संभालना ही नही आता है,

खोया हुआ मैं अपने यार के सपनो में,

उनकी उलझी लटों को सुलझाता रहता हूँ,

वो कहता है क्या तुझे इन्हे सुलझाने का तरीका नही आता,

पागलों सा डुबा रहता हुँ उन की यादों में,

वो कम्भख्त धीरे से कानो में कह जाता है,

क्या, तुझे इन से निकलना नही आता

मेरा मेहबुब हमेशा मेरी यादों में हे रहता है,

ख्यालों में भी सिर्फ मुझ से ही बाते करता रहता है,

पलकों को बिछाये मेरी ही राह निहारे रहता है,

वो फिर धीरे से कह जाता है,

क्या तुझे, इन राहों पे चलना नही आता,

मेरी बुराई करना छोड़ इतना तो बता, क्या तुझे अपने प्यार का इज़हार करना भी नही आता...!

मेरा ख़ुदा

तु यूँ जो मेरे सामने आई, थोड़ी से हसी और शरमाई,

तुझे देखा और सोचा, क्या इसे मेरी मोहब्बत है खींच लाई,

तेरे उन गुलाबी होटों को देखा तो लगा, पुरी कायनात की मधुशाला ये कैसे यहाँ लेआयी...!

जुल्फों की घनी छाव में, पायल जो बंधी तेरे पाव में

आ बैठ मेरे दिल की नावपे, ले जाऊ तुझ मैं अपने दिल के गाव में,

ज़िन्दगी बीत जाये तेरे इन्ही पलकों की छाव में,

इज़हारे -इ- मोहब्बत जो आँखों से हुआ है,

सदियों से मुझे इसी का गिला है,

ये इशारा करते है तो वक़्त बड़ा लगता है,

प्यार करते रहते है तो वक़्त भी कम लगता है,

कंगन जो खनकी तेरी तो नाम मेरा आगया,

लचकि तेरी कमर तो दिल का अरमान फिर जाग गया,

मेरा खुदा तु ही बता तुझसे मैं और क्या कहुँ, जब मेरा खुदा
खुदा ही मेरे सामने आगया...!

मेरी ख़ामोशी

मेरी ख़ामोशी मेरे प्यार की दस्तां बया करती है,

जो ना सुनी वो कहानी बया करती है,

भीड़ भरी इस दुनिया में मेरे अकेले होने की वजह बया करती है,

वो इनकार तेरे होने का, वो मेरे होंठों से बया करती है,

तु नाजाने कैसे खुश है, मेरी ख़ामोशी तेरी ख़ुशी बया करती है,

मेरी यही ख़ामोशी मेरे अंदर की चाहत बया करती है,

गुजरा पल और गुज़ारा कल कोई भुलाता नही,

सच्चा हो प्यार तो कभी कोई रुलाता नही,

आज़माने की कोशिश तो तुने भी बोहत की,

पर हम खरे उतरे और तु अब कही नज़र आती नही,

सोचता हूँ किसे और से प्यार कर अपनी जिंदिगी गुज़ार दू,

तेरे यादों के सहारों कुछ पल तो काट लूँ,

पर वो उस से बेवफाई होगी जिस ने मुझे ही अपनी जिंदिगी मान ली...!

दिल बेचारा

किस से कहुँ की मेरे दिल की हालत कैसी है,

ये धड़कता तो मेरे सीने में, पर याद उसी की रहते है,

हर पल की सजा दे गया वो, लम्हा मेरा प्यारा सा ले गया वो,

जो मोहब्बतों के कभी वादे किया करते थे, मुझे बेवफाई का खुदा कह गया वो,

मेहबूब की जुदाई का गम बोहत होता है, रातों को तकिये के निचे वो भी रोता है,

पिरोया था उन के हर एहसास को, खट्टे मीठे सारे जज़्बात को,

पागल प्रेमी था मैं जो समझ ना पाया इतनी सी बात को,

की वो नही समझ सकते तेरी इस प्यार के आभास को,

करे जो कोई बेफवाई, तो दिल टूट जाता है,

एक माले में बंधी भावनाओ को खोल जाते है,

प्यार से बंधा वो रिश्ता भी भूल जाता है,

मेहबूब जाते जाते नेह के सरे धागे तोड़ जाता है,

प्यार तो बस एक व्यापर सा लगने लगा है,
अब हर भला आदमी भी मुझे बुरा सा लगने लगा है,
कहते थे वो की उम्र भर साथ निभायेंगे,
दो पल साथ चलना भी अब उन्हें गुनाह सा लगने लगा है ।

दिल मेरा रो पड़ता है जब कहता हूँ ये बात,
प्यार तेरा सच्चा ही सही, वो नही रह पाएंगे कभी तेरे साथ,
तु ऐसे हे जीना सीख ले,तेरी उम्र अभी बाकी है
क्यों की उन के बेवफाइयों की लिस्टअभी काफी है...!

दिल भुलता नही

मेरे दर्द की दास्तान कुछ अजीब ही है

ना कहने से ख़तम हो सकती है और ना ही चुप रहने से रुक सकती है ।

बोल दू तो बिन जीव वाला भी रो पड़े, ना कहु तो सब सुन ले

आखिर ये कैसा दर्द है, जो जा ही नहीं सकता है ।

दर्द तो बहुत है सीने में, कहा भी क्या जा सकता है,

वो जो छोड़ के चले गए उन्हें रोका भी कहा जा सकता है ।

वो दिल के रिश्ते को खेल समझ बैठे है,

और हम उस खेल सी दिल लगा बैठे है ।

मायूस हो कर एक कोने मै बैठा रहता हूँ,

जाने कौन सा गम है जिस के नशे मैं रोया करता हूँ ।

आईना देखु तो खुद से नज़र नही मिला पता हूँ,

लोग कहते है मै कोई गहरा राज़ छुपाये बैठा हूँ ।

प्यार नशा है, भूल गया था की इसे भी करना एक सजा है,

इस गुनाहों की सजा मै दिन रात काटता करता हूँ,

प्यार करने से दर्द मिलता है अब ये ही दास्तान मै सब को बाटा करता हूँ...!

नाजाने वो कौन है जिस के लिये मै आज भी रोया करता हूँ...!

नए दौर का प्यार

खुदा की खुदाई का ये एक नया फालसाबा हो गया,

जिस को हमने टुट के चाहा वो ही हम से बेवफा हो गया।

बेवफाई का नया चलन हो गया, वो आते है जाते है इसका हमे भी भरम हो गया,

प्यार करना और कर के भूल जाना वो उन की आदत है,

उन की इसी आदत का हमे गम हो गया।

प्यारासा मेरा दिल अब किसी काम का नही रह गया,

वो इस दिल में आज भी रहते है इसी का दिल को जलन हो गया,

इश्क़ करने का ये भी एक चलन हो गया है,

जिसे हम ने चाहा वो ही हमे गम दे गया है।

प्यार के राह पे बिछे है कांटे और इन काँटों पे चलना मेरा घमंड हो गया,

उनकी आँखों की गहराई मुझे आज भी याद है,

उन आँखों का मुझे ना देखना भी उन का चलन हो गया।

खुदा की खुदाई का ये नया दौर चल पड़ा है,

वो प्यार करते किसी के साथ, रहते किसी के साथ, और निभाते किसी के साथ है,

ये प्यार करने का एक नया ट्रेंड हो गया,

उन्हें प्यार करते करते मुझे बड़ा गम हो गया।

प्यार किसी से करो तो उसे निभाओ भी,

मुश्किलें कितनी भी हो उससे घबराओ नही।

प्यार मुदत्तों के बाद किसे के झोली में आता है,

और मेहबूब को रुला दिया तो ये कहा टिक पाता।

जवा दिल मिलते है मिलने दो,

कही फुल खिलते है खिलने दो।

हमारा क्या है हम तो भवरे है कही और चले जाएंगे,

तुम तो वो कली बन जाओगे, मुरझा के कभी ना खिल पाओगे।

ये दिल है खिलौना नही

ये जो मेरे दिल में लहू समाई है,

किस के दर्द की लिखी सियाही है,

वो लिखते है जितना उतना ही मैंने कमाई है,

पलके जो झपकु तो लोग कह जाते है,

इसकी तो मति ही भरमाई है,

वो क्या जाने इस झखम की कितनी गहरी है...

रास्ता खोल दिया है उन होने मेरे मौत का,

और वो कहते है हम आप के दिल मे कहा आयीं है,

हमे गम उन के जाने का नही है, गम तो इस बात का है...

की ये दर्द अब मेरे नस नस में समायी है,

प्यार करने का ये ही सिला होता है,

ये बात आज मुझे बखुबी समझ में आयी है...

तेरी यादें

ये जो हर दम आ जाते है,

तेरे यादों का क्या वो मुझे रुला ही जाते है,

मुझे रुला कर वो अपनी कमी जाता ही जाहते है |

वो आते नही जिन का हमे बरसो से इंतज़ार है,

पर उनकी यादे हमे सदियाँ भी भुला जाते है,

मायूस सा बैठा रहता हूँ मे एक कोने में,

वो मुझे ढूंढ कर अपने पास बुला जाते है |

उन से मिलने के लिया हम सुब कुछ छोड़ जाते थे,

वो मिलते और कह जाते थे, बोहत देर हुआ अब हम निकल जाते है |

मुलाकाते सोच में बदल जाते है,

सोच ख्यालों में बदल जाते है,

उनकी राह तकते तकते आंखे पथरा से जाते है..

ये जो हर दम आ जाते है,

तेरे यादों का क्या वो मुझे रुला ही जाते है,

मुझे रुला कर वो अपनी कमी जाता ही जाहते है,

तेरे यादों का क्या वो मुझे रुला ही जाते है...

वो जो दीप जला गये

वो आये मेरे ज़िन्दगी में और प्यार का दीप जला गये

वो रोम रोम में प्यार का एहसास जगा गये

मिला दिया मुझे जिंदिगी से यु की हम अपने होने तक को भुला गये ।

प्यार का मौसम जो हम सोच रहे थे वो आ गया,

लम्हा वो हमे याद दिला गया,

यादों के समंदर में अब हम भी डूब जायेंगे

उन का खुमार हम पर इस कदर छा गया ।

दीपक मेरे प्यार का मैं बुझने नही दूंगा,

अपने दिये में प्यार के इस तेल को कभी कम होने नही दुंगा,

मेरा दीपक बुझ गया तो, इस दुनिया मे किसे और का दीपक जलने नही दुंगा ।

वो तुम थी

मै बैठा था अकेले पर तुम मेरे पास थी,

जब कोई साथ नही था तब तुम साथ थी,

जहाँभर के लोग जब मुझे ताने दे रहे थे तब तुम ही मेरे साथ थी,

प्यार का साया था, जो तुम ने ही जगाया था,

वो भी नही था तब भी तुम मेरे साथ थी,

कह बैठा उस ज़माने से,

नही रहना मुझे तेरे इस सोच पुराने में,

जहाँ को छोड़ इस ज़माने से मुख मोड़ा तब भी तुम मेरे साथ थी,

बागों मैं बैठे थे, सपने हज़ारों संजोये थे,

कड़कती उस रात में, मिलन की उस बात में

बस तुम ही मेरे साथ थी, बस तुम ही मेरे साथ थी ।

भुल जाऊ तुझे

दस्ताने इकरार मैं लिख नही पता,

तुम्हे चाह कर भी मैं भुल नही पता,

वो जो लम्हा मेरे तुम्हारे साथ गुज़ारा,

वो कभी गुज़र नही पता ।

वो खाबों में भी आते है,

हर लम्हा हमे रुला रुला के जाते है,

मेरे ज़िन्दगी में वो थे कभी, ये मेरा दिल कभी भुला नही पता ।

मेरे दिल को ये दर्द मिला है,

तन्हाई जो हर दम मिला है,

कर ना सकेगा ये प्यार किसे से,

इसे ज़ख़्म जो इतना मिला है ।

भूलना है उन्हें, बस भूलना है,

ये मेरा दिल हमेशा कहता रहता है,

याद उन की कभी ना आये,

अब बस ये करवटें बदलता रहता है ।

क्या कहुँ

मेरे दोस्तों तुम्हे मैं क्या बताऊँ, की क्यों इतनी उदासी छाई है,
हमने मोहब्बत और हाल- इ-दिल दोनों से चोट खाई है,
जिन्हे हम ने टुटकर चाहा, बस उन्ही ने ये चोट दिलायी है,
वो हम से खफा है इस कदर, बस इसी की रुस्वाई है ।

सुना है की दोस्ती और प्यार में ज़्यादा फर्क नही होता,
जब दोस्त ही मेहबूब बन जाये तो दिल का दर्द नही होता,
पर मेरा किस्सा ही अलग सा हो गया है,
मेहबूब क्या यहाँ तो दोस्त भी दगा दे गया है,
फूल का तो पता नही बस कांटे ही जिंदिगी में बो गया है ।
मेहबूब का तो छोडो उस दोस्त को भी हम क्या कहे,
जो दोस्त कह के दोस्त के पीठ में ही खंजर घोप गया है,
इस बात को लिखने का मेरे कोई इरादा नही था,
बात उठी तो मेरे पास दूसरा कोई चारा नही था,
मोहल्ला भी वही और लोग भी वही है,
बस कलम के सिवा मेरा और कोई सहारा नही था...!

कोई अनजाना सा

मेरे दिल की किताब पे कोई अपना नाम लिख गया,
टुटा-फूटा ही सही पर एक पैगाम लिख गया,
हम थोड़ा थोड़ा उसे पढ़ भी लेते थे,
पर ना जाने किस भाषा में वो ये पैगाम लिख गया।

वो अल्लाह भी कहते है और राम भी,
दुआ भी करते है और सलाम भी,
वो जानते भी है और अनजान भी,
ना जाने हमे किस सोच में उलझा भी गया।

वो आँख मिलते भी है और चुराते भी
बोलते भी है और मुस्कराते भी,
उन की मुस्कराहट हमे कुछ समझा सा गया,
कोई हमारे दिल को इस कदर भा सा गया।

वो काली आँखे

कितनी गहराई है उन की आँखों में,

वो हर समय बसी है मेरी सांसों में,

हर पल की बातों में, यादों में और हर सजाये आदतों मे,

मेरी उम्र भी उन के प्यार को लग जाये,

दुनिया की हर ख़ुशी उन की झोली में पड जाये,

वो जो कहे वो उन के सामने आ जाये,

हमारा क्या हम तो उन के होने के एहसास से ही सवर जाये,

वो उम्र का बचपना था जो उन से दिल का रिश्ता कर बैठे,

एक कातिल को अपना दिल दे बैठे

ये जानते थे की दिल को दर्द ही मिलेगा, फिर भी उनक के हाथों में दे बैठे,

प्यार की वो घडी भी अब बदनाम सी लग रही है, वो प्यार की तालीम भी बेकार सी लग रही है,

मुझे प्यार भी वो सीखा गया, जिस का अपना दामन बस रुस्वाइयों से भरे हुवे है,

तु रो मत मेरे दिल, तेरा कोई कुसूर नही है,

कुसूर उन की आँखों का है, जो इस कदर तुझे देखता है,

वो पास न हो तो भी उन के होने का अहसास होता है,

दिल की इस हरकत को थोड़ा सा संभल लेना,

वो आँखे ही ऐसी है, तु नही तो किसे और से दिल लगा लेगा...!

मेरी मोहब्बत

अब मैं क्या कहु उस के बारे में,

सब उससे प्यार करते है और मैं सिर्फ उसके इस जहा में आने से,

वो है ही इतने खूबसूरत, मेरी जहा भर की ख़ुशी बस उसी के सहारे से,

उस में बात बस एक है, जो उसे रुस्वा करते है ज़माने से,

मै दूर जाऊ कितना भी पर वो हमेशा मेरे साथ है किसी ना किसी बहाने से,

वो केहते की जो भी हो मै तुम्हारे साथ हूँ,

दिन हो या रात मै तुम्हे बेइंतहा प्यार दूँ,

खो जाओ कही तो अकेला मत समझना खुद को,

अपने साये को देख कर समझ जाना, बस में वही एहसास हूँ,

उस के इस प्यार को मै नाम देना चाहता हूँ,

उस के नाम के आगे अपना नाम देना चाहता हूँ,

उस के प्यारे मुस्कान में अपना पैगाम देना चाहता हूँ,

मेरे भी प्यार का तु ही तो मक़ाम है बस इतना ही सलाम देना चाहता हूँ,

मेरे मोहब्बत का ज़माना भी यही है,

इस परवाने के शमा का ठिकाना भी यही है,

हर गम में मुस्कराने का बहाना भी यही है,

वो चाहे मुझ से दूर हो पर मेरे प्यार में पागल होने का बहाना भी यही है...!

प्यार इश्क़ और मोहब्बत

मोहब्बत बुरा अंजाम करता है,

सुबह को शाम करता है,

भूल जाते है लोग यहाँ सब को,

ना कोई दुआ ना कोई सलाम करता है,

मोहब्बत में रुस्वाइयों का एक बोहत बड़ा चलन है,

किसे के साथ उन्हें देख लो तो होता बड़ा जलन हैं,

प्यार को लोग बड़ा संभाला करते है,

जिस गली से आशिक गुज़रे लोग पत्थर मारा करते है,

प्यार वो कच्चा धागा है जो कभी टूटता नही,

आशिक़ को मरने से प्यार मिटता नही,

बुरा वक्त नही बुरा तो इंसान है,

प्यार अल्लाह, कबीर, और राम है,

प्रेमी का नशा मेहबूब की आँखों का जाम है,

प्यार से पीला दे तो, हो जाता नीला सारा आसमान है,

वो लोग मोहब्बत का ताना ले कर आते है,

उन की आँखों के नशे में डूब के वो भी चले जाते है,

प्यार जिस को हुआ खुशनसीब हर वो इंसान है,

हर किसे के नसीब में होता नही प्यार, ये ही उपरवाले का पैगाम है,

चले जाएंगे ये मोहब्बत करने वाले तुझे रुला कर,

तेरी अच्छाईऔर बुराई भुला कर,

कफ़न तेरे तानो का जिस्म पे सजा लेंगे,

हमे प्यार में पत्थर मारने वाले एक दिन के लिए हे सही पर हम तुझे रुला दंगे...तुझे रुला दंगे...!

कॉलेज के दिन

कॉलेज के वो पुराने दिन याद आते है,

छोटे से कमरों में वो ४ बेड याद आते है,

वो बिस्तर पे कपड़ों का ढेर याद आता है,

दोस्तों के साथ बैठ के दारू पीना भी याद आता है,

पीछे पड़ी उस टुटे मेज़ पे,

धुल खाते उन किताबों के ढेर में,

दोस्ती का वो लम्हा नज़र आता है,

दोस्तों के साथ बिताये हर पल का नज़ारा याद आता है,

वो कॉलेज का दिन हमेशा याद आता है...

वो दोस्तों से उधारी, सिगरेट की बीमारी,

दारू का था साथ, तु मेरा भाई है ख़ास,

दोस्तों की गाली और गाली में समझे हर एक बात,

हर उस पल का खुमार छा जाता है,

वो कॉलेज का दिन मुझे बड़ा याद आता है,

वो हर सेमेस्टर में सोचना इस बार कुछ करेंगे भाई तु देखना,
रात भर जाग कर पढ़ना, पर बातों में रात गुज़ारना,
सुबह क्लास में सोना,प्रोफेसर का हम पर गुस्सा होना,
तुम फेल ही होंगे ये हर बार का रटना,
प्रोफेसर की उस डाट में जिंदिगी का सबख बड़ा होना,
वो कॉलेज का शोर मुझे आज भी सुनाई देता है,

पीछे कोने में बैठे उस लड़की को,
छुप के देखना उसकी दो आँखे गहरी को,
वो लिखना उसके नाम के साथ नाम अपना,
वो कहना दोस्तों को भाभी है तेरी, कोई लाइन ना मारे इस का धयान रखना,
वो लिखना लव लेटर, दोस्तों को भेजना पोस्टमैन बना कर,
उस लड़की को वो उसे मरना भी याद आता है,
कॉलेज का वो पुराना दिन मुझे आज याद आता है,

हर रिजल्ट के बाद वो चाय की टापरी पे बैठना,

कोई तो इस का सोलुशन होगा भाई कुछ तो बोल ना,

हर बार एक सब्जेक्ट बैक रह जाता है,

हर बार दोस्तों का पढ़ाना, सलूशन है भाई इस बार शरू से पढाई करना,

वो बाते, वो यादे, वो यारी याद आती है,

मेरे कॉलेज के दिन मुझे तेरी बड़ी याद आती है...

मेरे कॉलेज के दिन मुझे तेरी बड़ी याद आती है...

एक प्यारा दोस्त

देखा है इन की आँखों में,

एक अजीब सी मस्ती होती है,

लब्ज़ कुछ बोल दे,

तो रुस्वाई इन्ही की होती है,

वो ख़ूबसूरत इतने है,

खूबसूरती को भी इन से शिकायत होती है,

देख ले जो इन्हे एक बार में,

डुब जाये बस इन के होने के एहसास में,

उन के मुस्कराने का जो तरीका है,

मुस्कराना भी बस इन्ही से सीखा है,

लोग आते है, लोग जाते है,

जो पल ठहर जाये, बस वो पल इन्ही का होता है,

बस कुछ ऐसी ही बात है,

ये वो है जो बोहत ख़ास है,

सारे जहा को इसका आभास है,

ये वो है जिन से ये सारी कायनात है,

बरसात आती है धुप आती है,

ये वो मौसम है जो इन दोनों के बीच आती है,

फूलों में भी बस इन्ही की महक आती है,

ये वो है जो हर भवरे का दिल चुराती है,

बस इतनी सी ये बात है...!

ये शख्श बोहत ख़ास है...!

वो भीगी रात

वो हलकी सी रात थी,

हो रही थोड़ी बरसात थी,

उन से मिलने की बात थी

थोडीसी मोहब्बत की आस थी,

वो दूर जाते गये,

हम पास आते गये,

ना जाने वो कैसी मुलाकात थी,

मुझे भी इस बात का मलाल था,

मेरा मेहबूब अजीब, पर बेमिसाल था,

उन्हें हर पल बस मेरा हे ख्याल था,

मेरा मेहबूब चाँद नही, पर चाँद के लिया वो मेहताब था,

भीगे तेरे उन बालों में,

उलझे हम भी कई सवालों में,

तेरे होटों के प्यालों में,

खो गये सदियों और सालों में,

लाभों को लाभों के साथ में,

मेरे ख्यालों की बात में,

भीग गयी एक ऐसी लड़की मेरे साथ में,

वो कापते होटों की बात थी,

मेरी जानेमन मेरे साथ थी,

वो हलकी सी रात थी,

हो रही थोड़ी बरसात थी,

वो पास आते गये, हम दूर जाते गये...!

ना जाने कैसे वो मुलाकात थी....!

मेरी ख्वाइशे

आज मुझे अपनी ख्वाइशों का बोझ सा होने लागा हैं,
वो जो बात कब से दिल में दबी थी,
उस के खाली पन का अब ऐहसास होने लगा है,
चाहूँ भी तो बोल नही सकता,
ये आलम अब मुझे, मुझ में ही कही डुबोने लगा है,
मुझे मेरे ख्वाइशों का बोझ होने लगा है...!

वो दिल में कहीं दबी एक बात थी,
उसे समझने की कई रात थी,
वो समझ नासमझ का पर्दा भी अब दुर होने लगा है,
आज फिर मुझे अपने ख्वाइशों का बोझ होने लगा है..!

आँखों से सपना भी अब दुर होने लगा है,
कोई अपना है, जो अब कही मजबुर होने लगा है,
ख्वाइशों में सिमटा हुआ वो शाम भी अब रोने लगा है,
ख्वाइशों का बोझ इस कदर मुझे डुबोने लगा है...!

वो शाम वो रात और उन रातों में लिप्टी वो हर मुलाकात,
उन मुलाक़ातों का ऐहसास भी, अब बस ऐहसास सा होने लगा है,
मुझे मेरे ख्वाइशों का बोझ सा होने लगा है...!

नासमझ में

मै भी उनकी बातों का मतलब समझ पाता,

उन की यादों को अपने अंदर छुपा पाता,

लम्हा वो जो कही मेरा मुझ में छुप गया है ,

उन्हें मैं भी सब के सामने खुल कर कह पाता,

की काश में भी उन की बातों का मतलब समझ पाता..!

वो प्यार का रास्ता जो तुम ने दिखाया था ,

उस रास्ते पे तेरे साथ चल पाता,

मै भी अपने आप को तुझ में भुला पाता,

वो पल जो बीते साथ तेरे उन पलों को अपनी आँखों में समेट पाता..!

काश मैं तेरे होने का मतलब समझ पाता..!

मेरे ख्यालों में जो पारी थी उन्हें मैं तेरा नाम दे पता ,

तेरे क़दमों की आहट में मेरा नाम समझ पता,

आँखों से छलके उन मोती का पैगाम समझ पता ,

तेरे उन सिसकियों में छुपा वो आवाज़ समझ पाता,

की काश मैं तेरे बातों का मतलब समझ पाता..!

मै तुझे खो के पाने का कोई रास्ता समझ पाता,

तुझे खुद में समेट के दुनिया को भुला पाता,

तुझे में खुदा और उस खुदा का मैं सजदा कर पाता...!

काश में तेरे होने का मतलब समझ पाता..!

प्यार की आस

उन के सिवा किसी और से प्यार होता नही,
किसी और को देख के ये दिल खुश होता नहीं,
लाख छुपा है प्यार इस दिल में,
पर किसी और को देख के ये खोता नही,

उन्हें भुलना है ये बात अपनाना है,
उन को भुलाने का हर वो मर्ज़ आज़माना है,
उन के दिए हर एक खत को जलाना है,
आज फिर उन की यादों में आँखों खो रुलाना है,

ख्वाइशे मेरी इतनी भी नही है,
तुझे पाना था ये ख्वीश इतनी भी बड़ी नही है,
तुझे समझ न पाया ये बात सही है,
तू दूर हो जायेगे मुझ से ये गलती इतनी भी बड़ी नही है,

दुर हुआ था तुझ से तो दर्द बड़ा हुआ था,
इस दिल का टुकड़ा हज़ारों में हुआ था,
भुल थी मेरी या थी मेरी मज़बूरी,
इस बात को तुमने ना सिरे से टटोला था,

भूलना मुश्किल है पर भुलाना होगा,
दिल तोडा है तो खुद को जलाना होगा,
दुवाओं का वो दौर भी चलाना होगा,
बस एक बार मेरी कसम तुम्हे मुझ से मिलने आना होगा..
की बस एक बार तुम्हे मुझ से मिलने आना होगा..!

वो यारियां

पहले हम अकेले चला करते थे,

आज हमारे साथ दोस्तों के काफिले चलते है,

चला करते थे हम भी अकेले मुश्किल राहों पे,

पर अब इन के हौसलों के साथ चलते है , एक साथ चलते है ...

कही भटक जाऊ तो ये यार खींच लिया करते है,

मुश्किलों में पुरी रात बात किया करते है,

मुझे हँसाने के लिया खुद को रुला दिया करते है,

ये वो दोस्त है जो मुझे पलकों पे बिठा लिया करते है,

मेरे दोस्तों तुम्हारी यारी के क्या कहने है,

किसी के पास एक पर मरे पास तो सारे ही नगीने है,

ये मेरे पास रहे या ना रहे...

पर मेरे जिंदिगी में ये भगवान् के जैसे है ...!

यारी मेरे यार की दुन्या को सतायेगा,

जायेगी मेरी अर्थी तो तेरा खंधा अगर मिल जायेगा,

पलकों पे बिठा के तेरे राहों को मैं भी सजदा कार जाऊंगा,

मेरे यार तेरी यारी की कसम , मर कर भी तेरा साथ हमेशा निभाउंगा ...!

तेरी याद आने लगी है

आज फिर मुझे तेरी याद आने लगी है,
थोड़ी- थोड़ी ही सही पर हमे रुलाने लगी है,
पलकों में छुपे कही उन आंसुओं का मोल बताने लगी है,
सदियों से सोया हुआ वो दर्द फिर से जगाने लगी है,
क्यों की आज फिर मुझे तेरी याद आने लगी है...

भीड़ में तुझे देख कोने में छिप जाता था कही,
मुलाकाते हो ये मनाता था कई,
वो मुलाकातें वो यादे अब धुंदली सी हो जाने लगी है,
तेरे दिए खतों को भी जलने लगी है,
क्योंकी, आज फिर मुझे तेरी याद आने लगी है...!

कुछ पल के लिये ही सही वो कही दूर जाने लगी है,
वो दुरी नज़दीकियों का ऐहसास जगाने लगी है,
यादों के गहरे समंदर में डुबानेलगी है,
क्योकी आज फिर मुझे तेरी याद आने लगी है...!

मेरे खुशियों को तेरे खुशियों से टकराने लगी है,

दिल की हर धड़कन तेरा ही नाम बुलाने लगी है,

मेरी हर साँस तेरे ही गुन गाने लगी है,

तेरे प्यार के राहों में हमे युही जलने लगी है,

क्योंकी, आज फिर मुझे तेरी याद आने लगी है

बोहत तड़पने लगी है, आज फिर मुझे तेरी याद आने लगी है..!

वोआखरी खत

मैंने फिर तेरा वो आखरी खत उठाया है,
अपने अरमानो को फिर से जगाया है,
सांसो में लिपटी, एहसासो में भीगे उन शब्दों को फिरसे गया है,
हर शब्द को कई बार दोहराया है,
क्योंकी,मैंने आज फिर तेरा वो आखरी खत उठाया है...!

गुलाबी तेरे गाल को फुलों से सजी तेरी मुस्कान को,
आँखों से होते हुए दिल में बसाया है,
दिलके हर एक धड़कन को तुझही में डुबा पाया है,
मैंने आज फिर तेरा वो आखरी खत उठाया है...!

लब्ज़ोंकी गेहराइ को तेरे गर्दन सुराही को,
होटों की उस लाली को, आंखे सुर्ख दो काली को,
पायलों की उन झनकार को, शब्दों के उन बाँध को,
दिलके कोने में कही लिपटा पाया है,
आज फिर मैंने तेरा वो आखरी खत उठाया है...!

भुली तेरी याद को, तुझसे जुडी हर बात को,

तेरे होटों की नरमी की बात को शब्दों के इन जाम को,

दिलके गेहराइ में तेरे नाम को, फिर कही सुलगता पाया है,

क्योंकी, आज फिर मैंने तेरा वो आखरी खत उठाया है...!

तारीफें

तारीफ करने तेरी बुलाय है मुझे,
मेरी शायरिओं को आजमाने बुलाया है मुझे,
करू मै तारीफ कैसे उन की,
जीनको देख शायरी करने आया है मुझे..!

वो मशहूर है अपने हुस्न और हुनर के कारण,
इस कदर खुदा ने बनाया है उन्हें,
वो जाते जाते चले जायेंगे हमरी सारी खुशियाँ छीन कर,
और हमारे इस गम का जशन मानाने बुलाया है मुझे...!

हुए थोड़े मशहूर हम भी उन के साथ रह कर,
यही देख लोगों ने आजमाया है मुझे,
और दो पेहलु होती है एक सिक्के के,
बस यही बात बताने बुलाया है मुझे...!

खाली नही जाएंगे हम यहाँ से,

इस रिश्ते को इसकदार निभाना है हमें,

तेरे हिस्से के गम को भी खुशियों में बदल देगा ये ख़ुदा,

और तेरे इन्ही खुशियों की इबादत करने बुलया है मुझे...!

मेरा शहर

ये जगह मेरी अपनी और काफी पुरानी है,

ये वो जगह जहा मैने बचपन सारी गुजारी है,

यही वो जगह है जहा मैं उठता, खाता, पीता हुँ,

हाँ! ये वो ही शहर है जीस के बीना मैं रेह नही पता हुँ...!

देख के मेरा चेहरा उदास है,

कोइ चला आता और पूछता भाऊ क्या बात है,

उस भाषेके लहजा का प्यार मै बखूबी समझ जाता हुँ,

हाँ! ये वो शहर है जीस के बीना मै रेह नही पता हुँ...!

खुशी हो तो साथ मना लेते है,

दुःख का हो साया तो हाथ बढ़ा देते है,

वो आई जो मुझे पूरनपोली खिला देती है,

वो माई मेरी जो ढोकला बना देती है,

वो भईया जो सुबह चाय के लिए दूध दे जाता है,

यहाँ हर एक शक्श मुझे मेरे अपने की याद दिलाता है,

हाँ! ये वो शहर है जो मेरे नाम को नाम बनाता है,

हाँ! ये वो शहर है जो सपनो को उड़ान सिखाता है...!

कैसे बताऊँ की खाये है जख्म कितने इस शहर ने,

देखे है लहू -लोहान सड़क इस शहर ने,

26/11 का वो दिन मै आज भी नही भूल पाता हुँ,

खोई हुवे उन लाशों में अपनों को मै आज भी ढूंड नही पता हूँ,

7/11 का वो ब्लास्ट भी याद है,

वोअपने लोगों के हुए टुकड़े वो मंज़र आज भी साथ है,

ये राज़ ये जखम मै लेकार चलते जाता हुँ,

ये लोग इनका प्यार और अपने पन का मै सजदा कर जाता हुँ,

हाँ! ये वही शहर है जिसके बीना में रेह नही पता हुँ...!

इज़हार- इ- मोहब्बत

अबतो उन्हें भी हमारी बाते अच्छे लगने लगे है,

धीरे-धीरे ही सही पर हम उन के दिल के मेहमान बनने लगे है,

कुछ बाते कही नही जा रही और,

कुछ बाते सरे आम होने लगे है,

वो रहने लगे है हम से दुर अब,

पता नही किस बात का डर है उन्हें,

कोइ जा के बताए तो सही उन्हे

जितना प्यार वो करते है, उस से ज़्यादा प्यार करते है हम

लगता नही की ये प्यार मुकम्मल हो पायेगा,

वो इसी तरह दुर जाते रहे तो हमारा साथ कभी ना मिल पायेगा,

प्यार का इज़हार करना है तो जल्दी करो,

कही कोई और जिंदिगी में आ गया तो,

ये प्यार ज़िन्दगी भर तड़पायेगा,

किसी की बातों में आके उस से पहल का इंतज़ार मत करना,

वही दिल है तो उसे दिलदार बनाने में इंतज़ार मत करना,

प्यार की भाषा हो जाती है आँखों से बया,

इसे दिल में रख के जिंदिगी बर्बाद मत करना...!

कश्मकश

मुझे तेरी चाहत नही,
पर फिर भी जरुरत क्यों है,
ये दिल तेरे बीना भी धड़कता है,
पर फिर भी इसमें दर्द क्यों है...!

माना की तु नफरत करती है मुझसे,
पर फिर भी तुझे पाने की हसरतक्यों है,
दिल और दिलदार दोनों बेवफा निकले,
पर इस बेवफाई में तेरा नाम क्यों है...!

बर्बाद करना ही है तो पूरा कर,
युं ये थोड़ा थोड़ा रोज़ मारना क्यों है,
करना है तो एक ही बार मे किस्सा ख़तम कर,
रोज़ एक पंनने पलटना जरुरी क्यों है...!

चलता हुँ अकेला मै भी कही,

इसमें तेरी जरुरत क्यों है,

मकान हम भी खरीद सकते है,

पर इसे घर बनाने के लिया तेरी जरुरत क्यों है... !

जिंदिगी बता मुझे

ऐ जिंदिगी बता मुझे,

किसे मैं अपने दिल का दर्द दिखाऊं,

वो जो सुनती थी मुझे कभी, कही दुर चली गयी है,

बता किसे मैं अपने दिल का ये हाल सुनाऊँ,

जिन ज़ख्मो को कभी मरहम नहीं लग पाया,

वो ज़ख़्म मैं उन्हें कैसे दिखाऊं,

माना की तु बोहत खुबसुरत है,

बड़ी रंगीन और भोली सुरत है,

मगर ये तेरे रंगों की लाली मैं किसे दिखाऊं,

वो जो दुर चली गयी है उसे पास बिठा कर मैं कैसे बताऊँ,

ऐ जिंदिगी बता मुझे मैं ये ज़ख़्म किसे दिखाऊं...!

ये वादियां ये फ़िज़ाएं भी अच्छी लगती है,

उन का हाथ हाथों में हो तो वफायें भी अच्छी लगती है,

ये इज़हार - इ - मोहब्बत की दास्तान मैं किसे सुनाऊँ,

तु ही बता ऐ जिंदिगी मैं ये अपने दर्द किसे दिखाऊं...!

नींद आती नहीं मुझे रातों को,

कभी जगता ही रहता, तो कभी बस सोता हूँ,

मिल कभी मुझे युं अकेले में,

आँखों को आँखों से ज़रा टकराउ,

मोहब्बत मैं मेरे साज़िश की गयी है कितनीये तुझे मैं कैसे बताऊँ...!

तु ही बता मुझे ऐ जिंदिगी मैं ये अपने दर्द किसे दिखाऊं....!

बैठ मेरे साथ

आ बैठ मेरे साथ कही,

तुझेमैं अपने दिल का हाल बताऊँ,

कैसे कटी मेरी जिंदिगी,

ये इंतज़ार -इ - वक्त तुझे बताऊँ,

अकेले बैठा रहता था तेरी यादों मैं,

देखता था तेरी तस्वीर छिपा कर किताबों में,

कर लेता था तुझ से बाते ख्वाबों ख्यालों मैं,

इस तरह जाती थी जिंदिगी मेरी तेरी यादों मैं,

आ सुन तुझे मैं अपने दिल का हाल बताऊँ,

कैसी तड़पता था दिल मेरा तुझे मैं आज बताऊँ,

वो सुनता था तुझे, तड़पता भी था,

रुक कर जी भर के मेहसुस करता भी था,

उन यादों को वादों को राख बनाता और फिर मेरे सीने मैं धड़कता भी था,

रुक जाने को सोचता पर फिर यादों में तेर बढ़ाता भी था,

कुछ इस तरह मेरे सीने मैं पिघलता भी था,

आ सुन तुझे मैं अपन दिल का हाल सुनाऊँ,

कैसे तड़पती थी ये आंखे तुझे ये मैं आज बताऊँ,

छलकते थे आँसू बस तेरी एक झलक पाने के लिये,

तस्वीर जो बना ली थी तुझे हर वक्त ढूंढ पाने के लिये,

रास्ता देखते देखते ये भी पथरा सी गई थी,

तुम आई नही इसलिये ये मुरझा सी गई थी,

बड़ी लम्बी है ये दास्तान तेरे इंतज़ार की,

बता क्या क्या मैं तुझे सुनाऊ,

आ बैठ मेरे साथ कही तुझे मैं अपने दिल का हाल सुनाऊ...!

रोना पड़ सकता है

मैंने कहा था तुम्हे, दुर जाना नहीं रोना पड़ सकता है,

ये जिंदिगी आसान नहीं, गम ढोना पड़ सकता है,

अभी मुफ्लसी में जीने की आदत नहीं है तुम्हारी,

पाव मे कीचड लगा तो खुद भी धोना पड़ सकता है,

मैंने कहा था तुम्हे, दुर जाना नहीं रोना पड़ सकता है,

अभी तो ये शुरवात है, आंत देखना पड़ सकता है,

पथरीले रास्ते तो अब शरू हुए है, नंगे पाव भी चलना पड़ सकता है,

ये जिंदिगी आसान नहीं, पल पल मर के जीना पड़ सकता है,

कहा था मैंने तुम मुझ से दुर जाना नहीं, रोना पड़ सकता है...!

वो फिर मिली थी मुझे

आज फिर उनसे मिला था मैं,

कुछ बातें हस कर किया था मैं,

वो बोलतीथी मैं सुनता था,

बस कुछ इस तरह उन्हें समेटे बैठा था मैं,

मुद्दतों बाद उनसे मिला था मैं,

कैसे हो मुलाकात ये सोचे बैठाथा मैं,

वो आयेतो हमे देर हो गयी,

बस उन से मिलने की बचैने भरे बैठाथा मैं,

वो बोलती, उनके आँखों को देखते बैठा था मैं,

वो हस्ती, उनके गालों को देखते बैठा था मैं,

वो इशारा करती, उनके लटों को देखते बैठा था मैं,

बस यूँ ही उनसे मिला था मैं,

कुछ बातें हंस कर किया था मैं,

जुबां शायराना

वो दुर चले गये है, वर्ना उन्हें मोहब्बत बना लेता,

मेरे बस में होता तो मैं उन्हें सिने से लगा लेता,

मेरी जिंदिगी मेरे हालात मुझे इस की इजाजत नही देते,

वर्ना मेरे बस में होता तो मैं उन्हें अपनी दुल्हन बना लेता...!

अब तो बुझा दी है वो आग भी,

जीन में उन के प्यार की लव हुवा करती थी,

और चुन चुन के जलाये है खत उन के हम ने,

जीन में लफ्ज़- इ- वफ़ा हुवा करती थी...!

मेरे दिल को मत खुरेद ज़ख़्म अभी हरा है,

लगा लगा कर मलहम लगाउ तो लगाऊं कितना,

ज़ख़्म अभी काफी गहरा है...!

सुनता हुँ मैं बस सुनने के लिये,

समझना भुल गया हुँ,

तेरी मोहब्बत ने तोडा है मुझे इस कदर,

की मैं अब जुड़ना भुल गया हुँ...!

कभी भुला कभी याद किया,

तेरी मोहब्बत ने हमे बर्बाद किया,

आज भी आँसू छालक जाते है मेरी आँखों से,

जब जब इस धड़कन ने तुझे याद किया...!

साकी ने पास बुला कर,

अपना हमसाया कर दिया,

ये मोहब्बत की बातें आसान नही है यारों,

किसी से किया और किसी पे जाया कर दिया...!

उन्हें मोहब्बत करने में सुर्खियां हासिल है,

हमे मोहब्बत में बेरुखियाँ हासिल हैं,

उन्हें कौन बताये की ये बेरुखी मोहब्बत नेही सिखाया है हमे,

वरना मोहब्बत करने में हमे भी कई डिग्रीयां हासील है...!

एक पुरानी किताब लेकर बैठा था में,

कुछ पन्ने पलटते बैठा था में,

वो किस्सा उन का था सीहाइ हमारी थी,

बस इसी जददो जहत को उम्र भर लेकर बैठा था में...!

चलो आज तुम से दिल की बात कहता हुँ,

तुम बोहत खुबसूरत हो ये सरे आम कहता हुँ,

लोग प्यार में तोड़ लाते है चाँद तारे वगैरा वगैरा,

मेरी तो बस ये छोटी सी जान है,

लो ये तुम्हारे नाम करता हुँ...!

ख़याल किया यहाँ ना आने का,

पर आने में बड़ी तकलीफ हुई,

दिल ने की नही कोशिश तुझे भुलाने की,

पर भुलाने में बड़ी तकलीफ हुई...!

ये घडी भी काफी पुरानी है,

क्या करे उन की दी गयी ये आखरी निशानी है,

मन तो करता है इसे भी निकाल के फेंक दु,

पर क्या करें कम्भख्त इस से यादें जुडी ढेर सारी है...!

एक तु ही तो है जिसे मैंने तस्वीरों में भी ज़िंदा पाया है,

वर्ना यहाँ तो लोग ज़िंदा हो के भी तस्वीरों जैसे रहते हैं...!

मनोरंजन करने सब बुलाते है,
पर कोई मेरे मन के रंज को नही समझ पाया,
मेरी शायरी सुन ने सब बुलाते है,
पर किसी ने मेरे दिल का हाल सुन ने नही बुलाया...!

उस सकक्ष से मोहब्बत भी कितनी की जाय,
जो अपने थे ही नही उन से शिकायत भी कितनी की जाय,
वो अपना बता कर पराया कर गये हमे,
हम अपना खालीपन किसे दिखने लेजाय...!

एक तुही तो है जो मुझे हसाती है,
नही तो लोग यहाँ रुलाने का एक भी मौका नही छोड़ते...!

ये दुनिया है,

मुझे इस के हवाले ना छोड़,

मुक़ददर बना ले मुझे,

तकदीर के हवाले ना छोड़...!

काश की कोई हमे भी मोहब्बत करता,

हस कर दिल की दो बातें करता,

गुज़ार देते हम भी अपनी जिंदिगी उनकी बाहोंमे,

गर कोई हमारा माथा चुम के हमे भी अपना हमरूप कहता...!

प्यार है तो ये भी सही,

उसे भी छुपा कर रखना पड़ता है,

वो देख ले ना हमे देखते हुवे,

इसलिये नज़रे बचा कर रखना पड़ता है...!

दिन में आतिशबाजियों का मज़ा नही,
तेरी आँखों में काजल ना लगाहो तो काजल का मज़ा नही,
मोहब्बत एक प्यारा सा एहसास है,
और इस एहसा में तेरा नाम ना हो तो मोहब्बत का मज़ा नही...!

मोहब्बत हर किसी को नसीब नही होती,
तु पास है तो किसी की कमी मेहसुस नही होती,
खुदा दे किसी को तो तुझ जैसा दिलदार दे,
हर किसी की नसीब मुझ जैसे नही होते...!

तुम युंही मोहब्बत करती रहो तो ही अच्छा होगा,
मेरा दिल तुम्हारे सिने में धड़कता रहे तो ही अच्छा होगा,
जरुरी नही तुम्हारा और मेरा साथ हमेशा रहे,
मैं तुम्हारे आँखों में काजल बन के रहुं तो भी अच्छा होगा...!

मोहब्बत करना गुनाह है,

इस से उभारना चाहता हुँ में,

सच वो नही जो तुम दिखा रही,

सच तो वो है जो झेलता जा रहा हुँ में,

तुम्हे वफ़ा करनी ही नही,

और बेवफा बन के जिए जा रहा हूँ में...!

मेरे ही हुआ करते थे वो,

आज अंदाज़ बदले बदले से लगते है,

कभी नाम लिया करते थे सिर्फ हमारा,

आज किसी और के नाम की मेहंदी लगायें बैठे है...!

मोहब्बत क्या है ये कैसे बताऊ,

आईने के सामने खड़ी होकर देखो,

सब अपने आप समझ आजायेगे...!

मोहब्बत के नज़राने बोहत देखे,
इश्क़ में दिवाने बोहत देखे,
बनाया जब खुदाने तुझे तो डालदी थोड़ी सी खूबसूरती
और इस ख़ूबसूरती के परवाने बोहत देखे...!

तुझसे शिकायत बोहत है,
तेरी याद आये तो रुलाती बोहत है,
प्यार का इज़हार इस जुबां से करू तो करू कैसे,
तेरा नाम भी आया तो ये लड़खड़ाती बोहत है...!

वो मेहबूब नही पर, मेहबूबोंवाला काम करते है,
हमारी हर छोटीसी बात का ख्याल करते है,
उन्हें पता है की उनके नसीब में नही हम,
फिर भी अपने नाम के साथ हमारा नाम पढ़ते हैं...!

मोहब्बत मेरी इतनी मजबुर कभीना थी,
तु इतने पास होकर इतने दुर कभीना थी,
छुपा कर रखा था जिसे मैंने अपनी बाहोंमे समेट कर,
वो मेरी बाहोंमे हो करभी मेरी कभी ना थी...!

फूलों की महफ़िल थी,
काँटों का आना - जाना था,
यारकी थी महफ़िल,
मोहब्बत का पैमाना था,
बड़ा बदमाश है ये मेरा दिल,
इस कम्बख्त कोभी तुझीपे आना था...!

तुम्हारे मोहब्बतमें हमने बोहत दर्द उठाया है,
जिंदिगी बीत गयी मेरी इंतज़ार में,
और तुम्हारा खत अब आया है...!

तुम मोहब्बत मोहब्बत बड़ा करते हो,

कभी मोहब्बत भी किया है तुमने,

दिल दे कर दिल लेना बड़ा आसान है,

कभी दिल दे कर गम भी लिया है तुमने...!

हमरी मोहोब्बत को ना आज़माना,

हमसे रुठ कर कहा जाओगे,

रखा है जो हाथोंपे दिया,

जाल गया हाथ तो मलहम लगाने हमेही बुलाओगे...!

हम पत्थर कोभी पानी बना देते,

ज़र्रे - ज़र्रे में आग लगा देते,

वो हुए नही हमारे वार्ना,

चाँद कोभी हम उसकी अवकात दिखा देते...!

मैंने वादा कियाथा उम्र भर निभानेके लिये,
तुमने छोड़ दिया मुझसे दुर जानेके लिये,
दिल तोड़ कर कहते हो गलती होगयी,
अब ये दिल नही मानता तुम से फिर दिल लगानेके लिये...!

मेरा दिल कही खो गया है, ढूंढे सेभी मिलता नही,
मेरे सन्नाटे सुनते तो है, लकिन ठीक से कोई सुनता नही,
मेरी खुशिया, मेरी तख्दीर मेरी मोहब्बत सब कुछतो है तुझीसे,
तुझे ना देखु तो मेरा दिनभी निकलता नही...!

यकीन मनो मेरा ये प्यार करना आसान नही है,
सुब कुछ खोकर गम लेना हर किसी के बस की बात नही है...!

हमारे रंगपे मत जाना,

हमारा रंगभी तुम्हे ही दर्शाता है,

तुम साफ़हो जो तुम्हारा शांत स्वाभाव है,

मेरा रंग तुम्हारे अंदरके छिपे तुफानको बताता है...!

मेरी ख़ामोशी को मेरी मजबुरी ना समझ,

मेरी ख़ामोशीने ज़माने भरके गम छुपाये है,

पी लेते मैखाने हम भी दो-चार,

उनकी कसमने हमारे हाथ बांध कर यहाँ बिठाए है...!

सकल सुरतपे नाजा मेरे,

प्यार ना करके बोहत पछताओगी,

बड़ा गुमान है तुझे अपने हुस्नपे,

पर मुझ जैसा खुबसुरत दिल कहासे लाओगी...!

हर कश्ती को साहील मिले ये ज़रूरी तो नही,

हर मुसाफिर को मंज़िल मिले ये जरुरी तो नही,

जुड़ जाते है दिल के रिश्ते कुछ ऐसे भी,

हर रिश्ते का कोई नाम हो ये जरुरी तो नही...!

बेरंग थी जिंदिगी मेरी,

तेरे आने से ही रंगीन हुआ है,

कही अधुरा सा लगता था नाम मेरा,

आज तेरे नाम से जुड़ा तब जाके ये पुरा हुआ है...!

मेरे दिल की किताब को खोलके पढ़ोतो सही,

कुछ कहा सुना सा ही दिखाइ देगा,

ध्यानसे देखोगे तो हर कोने मे,

बस नाम तुम्हारा ही दिखाइ देगा...!

वो काफिला देखेंगे हमारा,
हमारेतो नाम से ही हुजुम उमड़ जाता है,
और वो क्या देखेंगे अवकात हमारी,
उन की जितनी है उतने में तो हमारा जूता भी नही आता है...!

खामोश लब्ज़ है मेरे,
इन्हे पढ़ने का अल्फ़ाज़ तो बना,
और ये दिल भी दे देंगे तुझको,
इस को सँभालनेकी औकात तो बना...!

मोहब्बतही करनी है तो शानसे करो,
अपने हुस्नपे ज़रा ऐतराम तो करो,
छोटी मोटी चीज़ नही है हम,
हमे छोड़ कर जरा अपना नाम तो करो...!

शरीफ हुँ शराफत नही दिखाऊंगा,

दिलदार हुँ दिल नही दे पाउँगा,

तुझे ढूंढना है तो रास्ता खुद ढूंढ,

मै तुझे अपने दिल का रास्ता नही बताऊंगा...!

मेरे दिल की गहराई को मत नाप,

ये समंदर सेभी ज़्यादा गहरा है,

और कमज़ोर लोगोंके बस की बात नही है मोहब्बत करना,

इस में पल - पल जान जाने का खतरा है...!

तुम रूठे क्यों हो, रूठाना करो,

प्यार नहीं तो गुस्सा किया करो,

फ़ोनपे बात ना करनी तो ना सही,

कम से कम WhatsApp तो किया करो...!

अब तो आलम यूँ है की जाम को देख भरलु,

तो पैमाना झुम जाता है,

और क्या बताऊँ मैं अपने मोहब्बतके किस्से,

उनका नाम भरलुतो दिल धड़कना भूल जाता है...!

अब वोभी मेरे मोहब्बतका इम्तहान लेंगे,

जिन्हे पताही नही की मोहब्बत क्या है,

और उन्हीके इंतज़ार में बितादी हमने ज़िन्दगी,

और वो आके पूछते है, बता तेरे अकेलेपन की वजह क्या है...!

सुरज और चाँद में फर्क होता है,

दरीया और साहील में फर्क होता है,

तेरे दिल में होने और रहने में भी फर्क है,

तू इस दिल में है तब तक दर कम होता है...!

तुझसे इश्क़ करके मजबुर हो गया हुँ,
दिल का हाल कहने में चुर चुर हो गया हुँ,
तुझे मैं हीर तो बना ना सका,
कम्बख़त तेरे इश्क़ में रांझे सा मशहूर हो गया हुँ...!

वो वक़्त वो लम्हा कही छुट गया,
तु देख ये ज़माना भी अब रूठ गया,
तु जशन मना रही है ये किनके साथ,
वो जो तेरा अपना था वो तो कहीं और छुट गया...!

कभी लिखो कलम लेकर मेरे दिलपे नाम तुम्हारा,
समझ जाओगे की इस दिलमें क्या है,
येतो धड़कता ही है लेकर नाम तुम्हारा,
वरना इस की जरुरत ही क्या है...!

पैमाना हाथों से छलकने लगेगा मुझे उन की याद ना दिलाओ,

वो मगरूर थे अपने हुस्न में, इसका एहसास ना कराओ,

बड़ी मुश्किलसे समझते आये है खुदको उन की गलीसे,

हमे खींच कर फिरसे उन की गलीमें ना लेजाओ...!

मैखानेसे बिना पिये लौट आया हुँ मैं,

पैमाने कोभी वही खाली छोड़ आया हुँ मैं,

लोग हवाला देरहेथे मुझे तेरे प्यार का,

तु बेवफा थी, ये सरे आम बोल कर आया हुँ मैं...!

बादलों की उड़ान देखी है,

पत्थरों की छलांग देखी है,

उन्हें दिखाई नही देते है दर्द हमारे,

और हमने उन की आँखों में सारी कायनात देखी है...!

मेरा मेहबुब है वो थोड़ा खुबसुरत तो होगा ही,

हर कोइ छु ना पाये इतना गुरुरतो होगा ही,

हमे हटाने की लिये लोगोने चले है चाले कई,

प्यार है मेरा उन्ही से इतनां भरोसातो उन्हे होगा ही...!

प्यार क्या है ये जानना जरुरी नही समझा,

ज़मीनपे पाव रखा आस्मां को देखना जरुरी नही समझा,

वो छोड़ गये हमे नासमझ बता कर,

और एक हम है, जिसने उनके सिवा किसी और को समझना ज़रूरी नही समझा...!

मोहब्बत बोहत है इस दिल में,

एक बार आज़मा के तो देखो,

पिघल जायेगा दिल तेरा भी,

इस पत्थर से दिल लगा के तो देखो...!

मेरी चाहत मेरी मोहब्बत मेरा काम बदल जायेगा,

तुम आओगे तो ये शाम बदल जायेगा,

बस एकबार मेरे नाम से अपना नाम जोड़के तो देखो,

तुम्हे अपना नाम लेने का अंदाज़ बदल जायेगा...!

मैं कायल था उसकी मुस्कानका,

वो इस कदर मुझे भागये,

वो सूरत थी प्यारी जो मुझ को घायल करते आगये,

मैं फुल लेकर खड़ा था उनकी राहों में,

वो कांटा समझ कर अपना दामन छुड़ा गये...!

हमभी उनके हुस्न के शिकार हो गये,

बीमार ना थे बीमार हो गये,

उन्होंने नज़रोंसे तीर चलायाही ऐसा,

दिलके टुकड़े हज़ार हो गये...!

हमपे गुस्साही करती हो,
सिनेसे लगा करतो देखो,
खोजाओगे मेरी धड़कन में,
एक बार दिलमे आकरतो देखो,
झुका दुंगा ये कायनात तेरे कदमो में,
बस एक बार हाथ बढ़ा करतो देखो...!

मोहब्बत ही तो है करना जरुरीतो नही,
दिल ही तो है देना जरुरीतो नही,
वो खुबसुरत है तो खुदा उनकी खुबसूरती बनाये रखे,
औरो कीतरह हमाराभी उनपे मरना जरुरीतो नही...!

ये आँखे ये चेहरा ये ज़ुल्फ़ जो यूँ लहराती है,
तुम क्या जानो दिलपे क्या गुज़रते है जब वो सामने आजाती है...!

अच्छा भी कहते है बुरा भी कहते है,

कुछ लोग मुझे ऐसा भी कहते है,

तेरे लिये मैं बुरा हुँ तो बुराही सही,

कुछ लोग मुझे अपना खुदा भी कहते है...!

कहुँ मैं दिल की बात तो क्या तुम मान लोगे,

एक नज़र भरके देखलुं तुझे, क्या तुम खुदको संभल लोगे,

मेरी मोहब्बतने बना दिया तुम्हे खुदा,

अब क्या तुम मेराही इम्तहान लोगे...!

अक्सर चाँदसे मैं तेरी बात करता हुँ,

कभीतो हो मुलाकात ये फ़रियाद करता हुँ,

तुझे पानेकी खवाइश सभी को है,

पर तु बस मुझेही चाहे यही दुआ मैं दिन रात करता हुँ...!

मिटा नही वजूद उनका, लाख कोशिशें के बाद,

जिनके साथ आप जैसे दोस्तोंके साये है,

खुशिया बस्ती है इतनी यहाँ,

की, गमभी यहाँ हस्ते हस्ते आये है...!

एक बात पुछु क्या तुम्हे मेरी याद कभी नहीं आती,

वो लम्हा, वो पल, वो चाहत, वो मोहब्बत, वो काजल तुम्हे कभी नही रुलाती,

बेशक आज दुर हुँ तुमसे मैं,

पर इतना तो बता दो क्या ये चाँद भी तुम्हे मेरी याद नहीं दिलाती...!

मोहब्बत में इतनी रुस्वाई क्यों है,

अगर यही सारा जहाँ है तो इस में तन्हाई क्यों है,

लोग कहते है प्यार तो दो दिलों का मेल है,

तो ज़रा कोई यह बताये की इस में जुदाई क्यों है...!

मोहब्बत करना गुनाह हो गया है,

वो मेरा कातिल ही खुदा हो गया है,

उनसे शिकवा करे भी तो क्या करे,

जब दर्द का ही नाम दवा हो गया है...!

पयाल पहनली है उसके नाम की, आवाज़तो होगा ही,

सजा लिया है चाहतका मोती आँखों में, आँसु तो होगा ही,

दिल भी दिया तो उस बेपरवाहको, अब ये घायल तो होगा ही...!

उनकी आँखों में शरारत ना होती,

उनकी अदाओं में नज़ाकत ना होती,

दिल हमभी ना देते उस ज़ालिम को,

गर ये हवायें सर्द वाली ना होती...!

लिखता हुँ मैं, तो अब लिखना छोड़ दूँ क्या,
मरता हूँ तुमपे तो मरना छोड़ दू क्या,
तुम कहती हो बेरहम हो तुम जो मुझपे कुछ नही लिखते,
अब जो खुद ग़ज़ल है उसके लिया शेर लिख दू क्या...!

इस कदर कातिलाना है मासुमियत उनकी,
बिना चाकु छुरी के कलेजा काट जाती है,
लाख कोशिश करूँ इसे बचनेकी,
कमबख्त हर बार उनके नज़रो के सामने आजाता है...!

मोहब्बतकी हुस्नकी अंदाज़ निराली होती है,
तु दिल दे मैं जान दू ये बात कब बतानी होती है,
सिर्फ प्यार करना ही काफी नहीं है मोहब्बत में,
एक साथ उम्र भी बितानी होती है...!

मैं अपनी चाहत जताना नही चाहता,

तुझे अपने सीने से लगाना नही चाहता,

मुमकिन है उभर आये नाम तेरा सीने में,

मैं अपना दिल चीर कर दिखाना नही चाहता...!

मेरे मोहब्बतको वो गली दे गये,

अपने दोस्तों को वो ताली दे गये,

क्या हम जैसे लड़कों को हक़ नही है मोहब्बत करना,

वो जाते जाते हमे मावली कह गये...!

मोहब्बत में साथ डुब जानेका इरादा था उनका,

एक कदम में ही पाव लड़खड़ा गये उनके,

ज़मानेसे छीनने की बातें करते थे वो,

किसीऔर का साथ क्या मिला उन्हें,

जिंदिगी भरके लिए रुला गये हमे...!

एक मुद्दत के बाद निकला है चाँद बादलों से,

जरा जी भरके देखने तो दो यारों,

अभी ना करो बातें सुराज के आने की,

कुछ पल इसकी चांदनी में भीग तो लेने दो यारों...!

---

www.ingramcontent.com/pod-product-compliance
Lightning Source LLC
LaVergne TN
LVHW100032051026
849525LV00001B/61
9798894758039